AF542741

La Récréation.

Méthode Amusante Pour Enseigner L'A, B, C.

40.ème Edition

à Paris,

chez Devaux Librair, Rue de Malte N.º 382.

ABÉCÉDAIRE RÉCRÉATIF,

ORNÉ DE VINGT-SIX GRAVURES

Propres à piquer la curiosité des Enfans.

40.e ÉDITION,

CONTENANT : 1.o Des Phrases courtes, divisées en Syllabes;
2.o L'explication des Gravures correspondantes aux vingt-six Lettres de l'Alphabet;
3.o Des Historiettes et des Contes;
4.o Des Fables très-courtes;
5.o Des Principes d'Orthographe;
6.o Un petit Traité d'Arithmétique;
7.o Deux Tableaux des Chiffres Romains et Arabes;
8.o Des Modèles d'Écriture gravés;
9.o Des Pensées morales propres à servir d'exemples d'écriture.

A PARIS,

Chez la V.e DEVAUX, Libraire, rue de Malte, N.o 382.

AN XII.—1804.

AVIS DE L'ÉDITEUR.

TRENTE-NEUF Éditions, dont la dernière tirée à dix mille, prouvent que cet Alphabet est presque généralement adopté. Conformément aux demandes de quelques Instituteurs, nous avons employé un caractère plus gros pour les mots divisés en syllabes; le nombre des historiettes a été augmenté, et nous avons ajouté des principes d'Écriture, et les premières règles du Calcul.

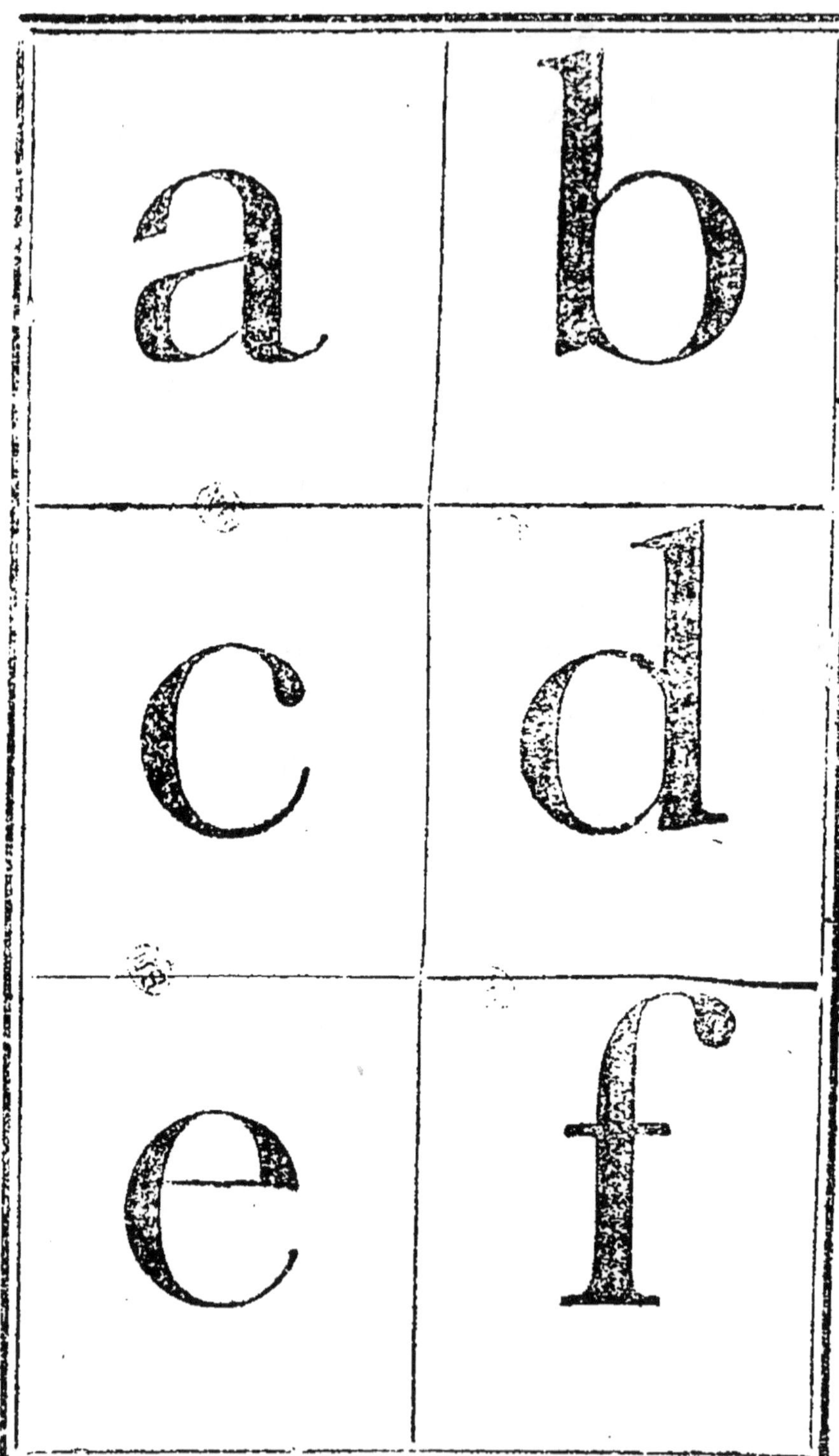
a
b
c
d
e
f

g	h
i	k
l	m

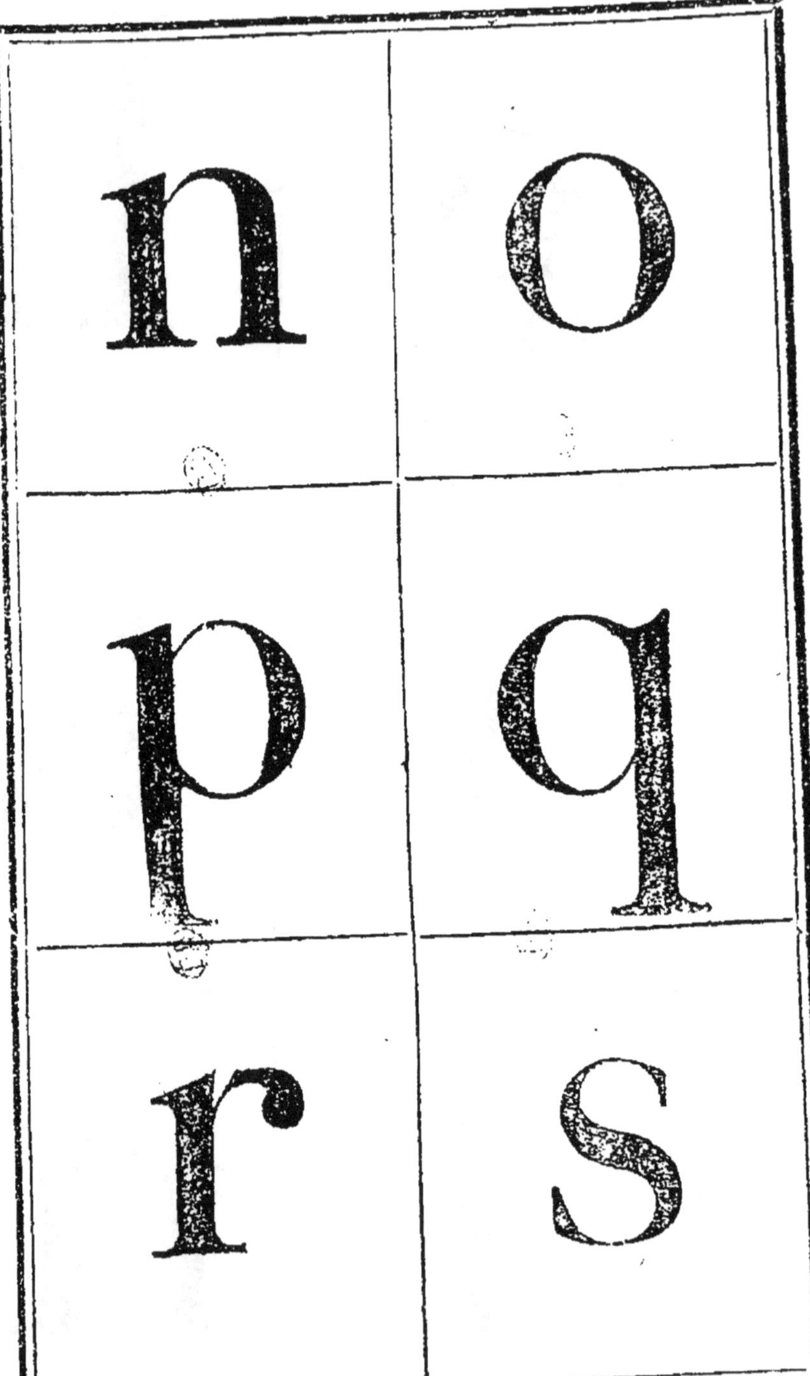
n
o
p
q
r
s

t	u
v	x
y	z

a b c d

e f g h

i j k l

m n o p

q r s t

u v x y z

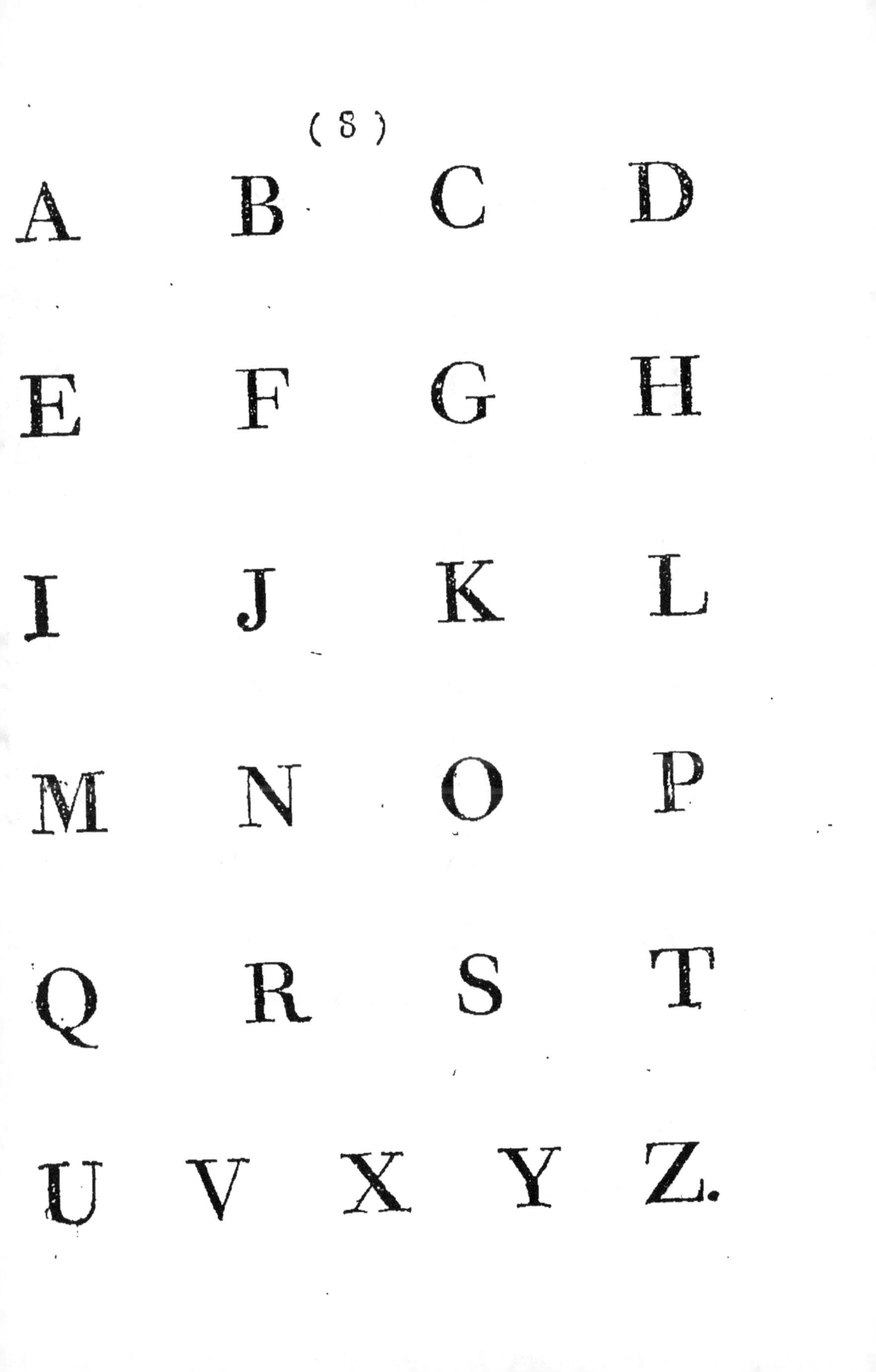

A B C D

E F G H

I J K L

M N O P

Q R S T

U V X Y Z.

Lettres liées ensemble.

æ	œ	ﬁ	ﬃ
ſi	ſſi	ﬂ	ﬄ
ﬀ	ſb	ſl	ſſ
ct	ﬅ	w	&.
æ	*œ*	*ﬁ*	*ﬃ*
ſi	*ſſi*	*ﬂ*	*ﬄ*
ﬀ	*ſb*	*ſl*	*ſſ*
ct	*ﬅ*	*w*	*&.*

Œil.

Œuf.

Bœuf.

SYLLABES.

Ba	bé	bi	bo	bu
Ca	cé	ci	co	cu
Da	dé	di	do	du
Fa	fé	fi	fo	fu
Ga	gé gue	gi gui	go	gu
Ha	hé	hi	ho	hu
Ja	jé	ji	jo	ju
Ka	ké	ki	ko	ku
La	lé	li	lo	lu
Ma	mé	mi	mo	mu
Na	né	ni	no	nu
Pa	pé	pi	po	pu
Qua	qué	qui	quo	quu
Ra	ré	ri	ro	ru
Sa	sé	si	so	su
Ta	té	ti	to	tu
Va	vé	vi	vo	vu
Xa	xé	xi	xo	xu
Za	zé	zi	zo	zu

pa pa.
ma man.
na nan.
da da.
tou tou.
jou jou.
cou teau.
gâ teau.
cha peau.
Bé guin.
Jar din.

rai sin.

se rin.

car lin.

chi en.

voi sin.

mas se pain.

car ton.

pois son.

han ne ton.

hé ris son.

pa pil lon.

hi ron del le.

de moi sel le.

ar ti chaut.

a bri cot.

ar ro soir.

a breu voir.

ré ser voir.

é gru geoir.

ba lan ce.

con fi an ce.

com plai san ce.

ger çu re.

brû lu re.

an ge lu re.

con fi tu re.

ra quet te.

ja quet te.

noi set te.

cein tu re.

fri su re.

cou ver tu re.

pa ra sol.

vi va ci té.

hon nê te té.

vo ra ci té.

sin gu la ri té.

fa mi li a ri té.

vail lan ce.

sur veil lan ce.

bien veil lan ce.

ex tra va gan ce.

il lu mi na ti on.

os ten ta ti on.

dis si pa ti on.

vo mis se ment.

é va nou is se-
ment.

é blou is se ment.

i nu ti le ment.

heu reu se ment.

sin gu li è re-
ment.

pro di gieu se-
ment.

les cou teaux cou pent. les é-pin gles pi quent. les chats é gra-ti gnent. le feu brû le.

voi ci un che-val : il a qua tre jam bes; les oi-seaux n'ont que deux jam bes;

mais ils ont deux ai les, ils volent.

les pois sons ne vo lent pas, ils na-gent dans l'eau. les pois sons ne pour roient pas vi vre dans l'air.

le vez la tête, vous ver rez le so leil.

c'est di eu qui a fait le so leil: di eu a fait tout ce que nous voy ons; il est le maî tre de tout, il sait tout.

pour plai re à di eu, un en fant doit o bé ir à ses pa rens, et s'ap pli-quer à bi en lir e.

il faut que cha-
cun tra vail le. ce-
lui qui ne tra-
vail le pas, ne
mé ri te pas de
man ger.

le pain se fait
a vec de la fa ri-
ne. la fa ri ne se
fait a vec du blé.

pour a voir du

blé, il faut le se-
mer. a vant de se-
mer, il faut la-
bou rer. la ter re
est dif fi ci le à la-
bou rer.

le blé pous se
des ra ci nes. les ra-
ci nes por tent u ne
ti ge. cet te ti ge
pro duit un é pi.

cet é pi ren fer me des grains de blé.

les ar bres ont des ra ci nes, qui sont com me leurs pieds; ils ont des bran ches, qui sont com me leurs bras, et des ra meaux, qui sont com me leurs mains.

sur les ra meaux, il vi ent des feuil-les et des fleurs. quand les fleurs sont tom bées, il res te un pe tit fruit. ce fruit de-vi ent gros : on le man ge aus si tôt que le so leil l'a mû ri.

nos che mi ses sont de toi le. la toi le se fait a vec du fil. le fil se fait a vec du chan vre. on sè me la grai ne qui produit le chan vre.

nos ha bits sont ordinai re ment de lai ne. la lai ne croît sur les moutons : on la fi le.

on ne tond les moutons qu'u ne fois dans l'an née. u ne an née est com po sée de dou ze mois. dans un mois, il y a tren te jours.

quand on est jeu ne, u ne an née pa roît bi en lon gue.

on croit qu'on ne de-vi en dra ja mais vi eux.

ne dé ro bez ri en.

ne je tez pas de pain à ter re; si vous en a vez trop, il y a des gens qui n'en ont pas as sez.

ne vous met tez pas en co lè re.

l'en fant doux se fait ai mer.

on ché rit l'en fant com plai sant.

pour qu'on sup por-te vos dé fauts, sup-por tez ceux des au tres.

Si vous vou lez vous fai re ai m er, ren dez-vous ai ma ble.

ne fai tes pas à vos ca ma ra des ce que vous se ri ez fâ ché qu'ils vous fis sent.

ex pli ca ti on des gra vu res.

a. AU TRU CHE.

cet oi seau, dont les plu mes sont si lar ges, si bel les, est pres que aus si haut qu'un hom me mon té à che val : c'est le plus grand des oi seaux. ou tre qu'il a les jam bes lon gues, il se sert de ses ai les pour mi eux cou rir, quand le vent est fa vo ra ble. le vent est bi en com mo de, quand on sait le met tre à pro fit ! le for ge ron se sert du vent pour al lu mer son feu. le ba te li er dres se ses voi les pour fai re a-van cer son ba teau. le bou lan ger net toie son blé a vec u ne rou e gar ni e de qua tre vo lans : nous-mê mes, nous nous pro cu rons du vent, en a gi tant l'air a vec un é ven tail.

---

b. BOS SU.

ceux qui se mo quent des bos-sus, ont grand tort. Il est ra re qu'on soit bos su par sa fau te; d'ail leurs les bos sus ont de l'es-prit. Com me ils se sen tent ex-po sés aux mau vai ses plai san-te ries, à cau se de leur dif for-mi té, ils font de bon ne heu re u sa ge de tou te leur rai son, pour ga gner du cô té des ta-

lens ce qui leur man que du cô té du corps.

C. CHA MEAU.

Sans le se cours de cet a ni-mal, qui peut pas ser jus qu'à dix jours sans boi re, il au rait é té im pos si ble de tra ver ser des dé-serts, où le vo ya geur ne trou ve que des sa bles brû lans.

le cha meau seul peut ren dre au tant de ser vi ces que le che-val, l'â ne et le bœuf ré u nis. il n'est pas plus dé li cat que l'â ne sur la qua li té de la nour-ri tu re. sa chair, quand il est jeu ne, est au ssi bon ne que cel le du veau, et son poil est plus re cher ché que la plus bel le laine. il mar che vî te, por te des far deaux très-pe sans, et ré-u nit, à ces qua li tés u ti les, u ne au tre plus pré ci eu se en-co re, la do ci li té. au sim ple com man de ment de son maî tre, il vi ent s'a ge nouil ler en tre les bal lots, pour lui é par gner jus-qu'à la pei ne de les é le ver.

---

d. DRO MA DAI RE.

ce qui dis tin gue le dro ma-dai re du cha meau, c'est qu'il n'a qu'u ne bos se sur le dos. du res te, ces deux a ni maux se res-sem blent au tant par la con for-ma ti on que par la do ci li té. on fait a vec leur poil, qui tom be tous les ans, des cha peaux fins et de très-bel les é tof fes.

le cha meau, le dro ma dai re

a.
b.
c.
d.
e
f

et l'au tru che se trou vent en a sie et en a fri que.

l'eu ro pe, où est si tu é e la fran ce que nous ha bi tons, ne ren fer me pas tout le mon de: il y a trois au tres par ties, qui sont, l'a si e, l'a fri que et l'a-mé ri que.

l'eu ro pe est la plus pe ti te des qua tre par ties du mon de, mais la plus peu plé e. l'a si e, bi en plus gran de que l'eu ro pe, est l'en droit où le pre mi er hom me a pris nais san ce. l'a-fri que, pres que aus si gran de que l'a sie, est si chaude, que la plu part de ses ha bi tans sont noirs. l'a mé ri que, qu'on ap pel le le nou veau mon de, par ce qu'il n'y a que trois cents ans qu'on en a fait la dé cou-

ver te, est bien plus gran de que cha cu ne des trois au tres par ties; c'est de là que nous vi en nent le su cre, le ca fé, le cho co lat, dif fé rens bois de tein tu re, et beau coup de dro- gues qui en trent dans la com- po si ti on des mé de ci nes.

---

e. É LÉ PHANT.

l'é lé phant est le plus grand de tous les a ni maux à qua tre pieds. A vec son nez, qu'on ap- pel le trom pe, il peut dé nou er des cor des, dé bou cher u ne bou teil le, ra mas ser la plus pe- ti te cho se, fai re, en un mot, tout ce que les hom mes font a vec la main. on nom me i voi re les deux lon gues dents qui sortent de sa mâ choi re su pé ri eu re. cet a ni mal est très-sus cep ti ble d'af fec ti on, très-in tel li gent et très-do ci le. ra re ment on le voit seul; il ai me à se trou ver en com pa gnie. dans les vo ya ges, le plus â gé con duit la trou pe: les plus fai bles sont au mi li eu; et les mè res por tent leurs pe-tits, qu'elles tien nent em bras sés avec leur trom pe. ce qu'on va lire prou ve bi en leur in tel li-gen ce. un pein tre vou lait des-si ner un é lé phant la gueu le bé an te; pour ce la, il s'é tait fait ac com pa gner d'un jeu ne é lè ve qui je tait de tems en tems des fruits à l'a ni mal; mais com me sou vent il n'en fai sait que les ges tes, l'é lé phant im pa-ti en té s'en prit au maî tre, et gâ ta tout le des sin sur le quel il tra vail lait.

---

f. FRUITIÈRE.

Il ne suf fit pas d'o bli ger, il faut crain dre d'hu mi li er ceux à qui l'on don ne.

*« un jour je me trou vai à u ne
» fê te de vil la ge, disait, à ce
» su jet, un hom me cé lè bre.
» a près dî ner, la com pa gnie
» fut se pro me ner dans la foi re,
» et s'a mu sa à je ter aux pay-
» sans des pi è ces de mon naie,
» pour le plai sir de les voir se
» bat tre en les ra mas sant. pour
» moi, sui vant mon hu meur so-
» li tai re, je m'en fus pro me ner
» tout seul de mon cô té. j'a per-
» çus u ne pe ti te fil le qui ven-*

» dait de pom mes. el le a vait
» beau van ter sa mar chan di se,
» el le ne trou vait plus de cha-
» lands. com bien tou tes vos pom-
» mes, lui dis-je? — tou tes mes
» pom mes, re prit-el le? et la voi-
» là en mê me tems à cal cu ler
» en el le-mê me. — six sous, me
» dit-el le. — je les prends, lui
» dis-je, pour ce prix, à con-
» di ti on que vous les i rez dis-
» tri bu er à ces sa vo yards que
» vous vo yez là-bas; ce qu'el le
» fit aus si - tôt. ces en fans fu-
» rent au com ble de la joie de
» se voir ré ga lés, ain si que la
» pe ti te fil le de s'ê tre dé fai te
» de sa mar chan di se. je leur
» au rais fait moins de plai sir,
» si je leur a vais don né de l'ar-
» gent. tout le mon de fut con-

» *tent, et per son ne ne fut hu-*
» *mi li é.* »

---

g. GIRAFFE.

Lorsque la Giraffe a pris son accroissement, elle est de trois fois plus haute que le plus grand cheval ; mais cette grandeur n'est pas proportionnée, car le cou en fait presque la moitié : d'ailleurs, les jambes de derrière sont trop courtes par rapport à celles du devant. Avec ce défaut, la Giraffe ne peut pas bien courir : aussi, quoiqu'elle ne soit pas farouche, on n'a pas essayé d'en faire une monture. Il en est des animaux comme des hommes, on ne les recherche qu'à raison de leur utilité. On trouve des Giraffes en Afrique. Leur peau est marquée de petites taches blanches sur un fond brun.

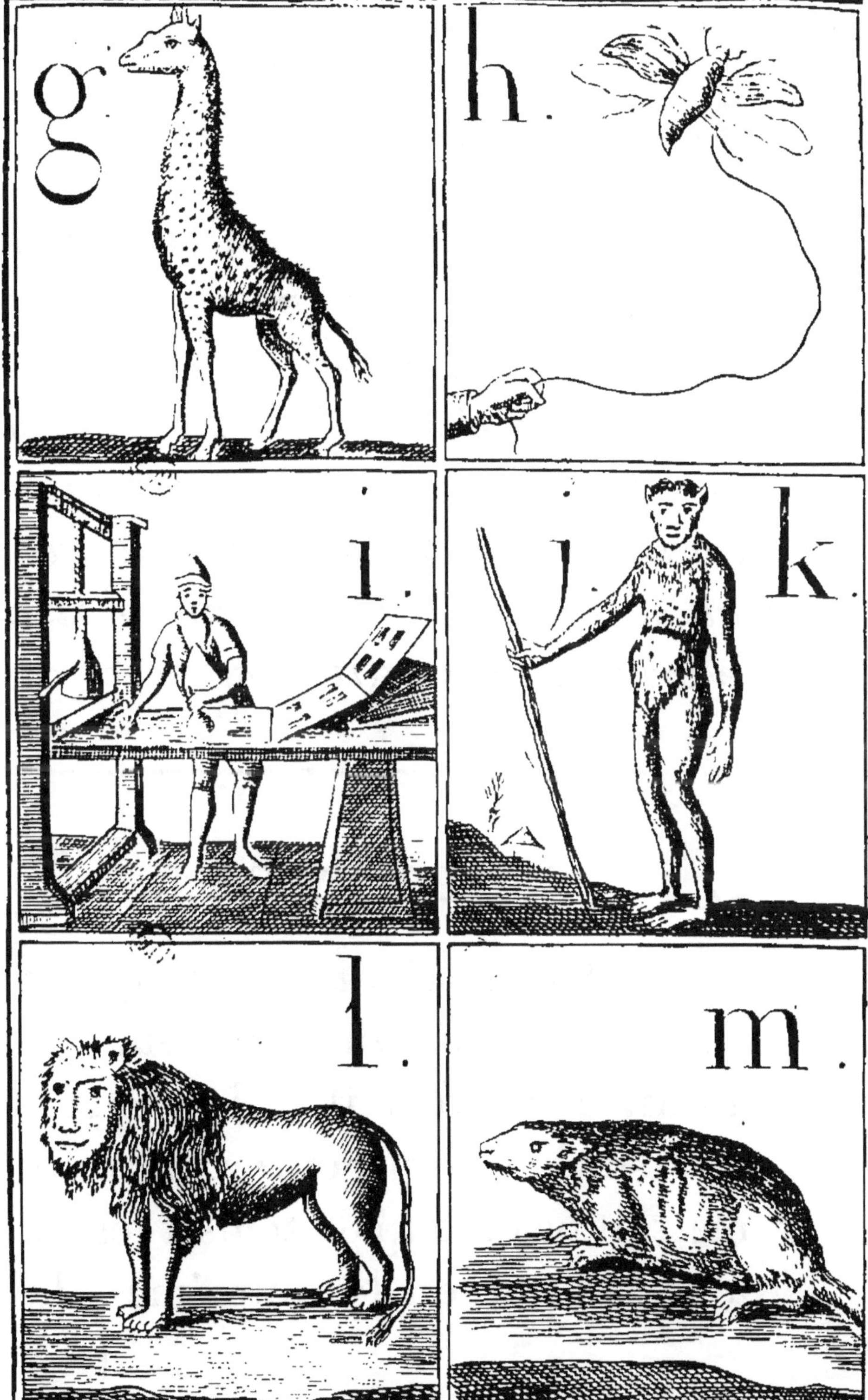
g.
h.
i.
j.
k.
l.
m.

h. HANNETON.

Comme le Hanneton vole brusquement, on dit en proverbe : étourdi comme un hanneton. *Cet insecte, à cause de sa docilité, est un de ceux que les enfans ont choisis pour leur amusement. Malheur aux vauriens qui se donnent le barbare plaisir de le priver de ses pattes ou de ses ailes !*

i. IMPRIMEUR.

Les livres n'ont pas toujours été aussi communs qu'ils le sont aujourd'hui. Autrefois il fallait être bien riche pour s'en procurer, parce qu'on mettait beaucoup de tems à les écrire : à présent qu'on les imprime, la besogne va si vîte, que deux ouvriers, en moins d'un jour, font sans peine ce que trente écrivains n'auraient pas fait dans un mois. Chaque lettre est moulée sur un petit carré ; ces carrés s'arrangent dans un cadre : on les couvre d'encre, et en foulant avec une presse, on a autant de feuilles imprimées qu'on a mis de feuilles de papier blanc sur le cadre. La gravure, qui a beaucoup de rapports avec l'imprimerie, n'est pas moins merveilleuse. En général, les arts méritent notre attention. Qui dirait, en voyant une pièce d'or, une épingle, une clef, que tout cela est sorti de la terre? cependant rien de plus vrai. L'or, l'argent, le fer, le cuivre et tous les autres métaux se bêchent dans la terre : ils en sortent bruts : on les met au feu pour les purifier ; ensuite le forgeron les dégrossit, pour que les serruriers, les orfèvres et les bijoutiers aient moins de peine à les mettre en œuvre.

---

j JOCKO. k.

Le Jocko est un grand singe qui marche comme l'homme, appuyé sur un bâton. En général, les singes ont de l'industrie ; mais ils sont grimaciers, et même un peu méchans. Lorsqu'on les attaque, ils se défendent en jetant des pierres à leurs ennemis. Pour piller un verger, ils se mettent à la file, et se font passer de l'un à l'autre les fruits qu'ils mettraient trop de tems à aller chercher.

Comme ces animaux imitent tout ce qu'ils voient faire, on profite de leur instinct pour les prendre. Quelquefois on se frotte devant eux le visage avec de l'eau, et l'on met adroitement de la glu dans le vase où l'on se lave. D'autres fois on se regarde dans des miroirs qui ont des ressorts; à peine s'est-on détourné, que les Singes s'y trouvent embarrassés.

I. LION.

Le Lion est un animal terrible. Avec sa queue, il peut étreindre cruellement un homme, lui casser une jambe, et même le tuer; mais il n'attaque que lorsque la faim le presse. Pris jeune, il s'apprivoise, et à tout âge il est sensible aux bienfaits.

Une lionne que l'on tenait enchaînée, fut atteinte d'un mal violent qui l'empêchait de manger; comme on désespérait de sa guérison, on lui ôta sa chaîne, et on jeta son corps dans un champ. Ses yeux étaient fermés, et sa gueule se remplissait de fourmis, lorsqu'un passant l'aperçut. Croyant remarquer quelque reste de vie dans cet animal, il lui fit avaler un peu de lait. Un remède si simple eut les effets les plus prompts. La lionne guérit, et elle conçut une telle affection pour son bienfaiteur, qu'elle se laissait conduire avec un cordon, comme le chien le plus familier. Tel est le pouvoir des bienfaits sur les caractères même les plus rebelles.

M. MARMOTTE.

Ce petit animal se tient assis comme l'écureuil, pour prendre sa nourriture, et se sert des pieds de devant pour la porter à sa bouche. Rien de plus facile que de l'apprivoiser ; aussi les petits paysans des montagnes l'apportent-ils dans nos villes pour la faire danser au son de la vielle. Aux approches de l'hiver, plusieurs marmottes se réunissent pour construire, sur le penchant d'une montagne, un grand terrier à deux ouvertures, qui a la forme d'un Y.

C'est une si belle chose que l'union ! D'autres animaux, les abeilles sur-tout et les fourmis, nous en donnent l'exemple. Les abeilles dans leur ruche, sont comme des citoyens dans leur ville. Chacune y a ses occupations, ses habitudes, ses amis, sa demeure. Au printems, toutes ces ouvrières volent dans les champs pour recueillir sur les fleurs une espèce de poussière qu'elles rassemblent avec leurs pattes. C'est avec cette poussière qu'elles forment la cire dont on fait des bougies. Le miel est composé d'un suc qu'elles pompent dans les fleurs.

Quant aux fourmis, lorsque vous en rencontrez une, suivez-la, vous verrez qu'elle se rend dans une habitation vaste, divisée en chambrettes, toutes bien approvisionnées, bien propres. Grains, fruits, petits animaux morts, tout est bon pour son ménage; mais c'est sur-tout la manière dont se fait l'approvisionnement, qui est curieuse. Lorsqu'une fourmi se trouve trop chargée, une autre fourmi l'aide, et si les deux ne sont pas assez fortes, une troisième vient au secours pour transporter le fardeau, souvent plus gros que douze fourmis réunies.

N. NID.

Un nid d'oiseaux est un chef-d'œuvre, par la manière dont les feuilles sèches, le duvet et le crin y sont disposés. Une autre merveille, c'est la manière dont les petits y sont élevés. La mère se tient près d'eux pour les échauffer, tandis que le père vient dégorger dans leurs becs des alimens à demi-digérés. Ces enfans chéris sont dociles : ils attendent, pour voler, qu'on leur en ait donné le signal ; ils s'essayent sous les yeux de leur père, et ne prennent d'autre nourriture que celle qui leur est indiquée.

O. OURS.

L'Ours s'apprivoise, mais il faut le prendre jeune ; autrement il con-

serverait son caractère farouche. Dans les bois, cet animal vit seul, par indifférence pour ceux de son espèce. Parmi les hommes, le goût de la retraite a quelquefois le même motif : on se prive du secours des autres, pour être dispensé de leur en porter.

P. POLICHINEL.

Deux enfans revenaient de la foire avec leur père. C'était en automne; les jours commençaient à être courts : comme ils savaient le chemin, leur père ayant eu besoin de s'arrêter, leur dit de continuer leur route. Les voilà donc qui marchent doucement tous les deux, en s'entretenant des curiosités qu'ils avaient vues à la foire. Tout-à-coup une lueur tremblotante parut au milieu du chemin.

Leur premier mouvement fut de reculer; cependant l'aîné rappela à son frère ce que leur avait dit leur père, qu'il ne fallait pas s'effrayer de ce qui paraît extraordinaire dans les ténèbres, parce qu'en approchant, on découvrait que ce n'était rien. En effet, ils avancèrent, et ils ne trouvèrent qu'un homme qui cherchait avec une lanterne sa bourse, qu'il avait laissé tomber en tirant son mouchoir. Cet homme était le joueur de marionnettes de la foire : ils lui aidèrent à chercher sa bourse, et ils en reçurent pour récompense le polichinel qui les avait tant fait rire.

---

q. QUILLES.

Les jeux sont le délassement de la jeunesse; mais ce doivent être des jeux innocens, tels que la balle, le cerf-volant, les quilles, et non pas des jeux où l'on risque de l'argent.

Voyez deux joueurs se mettre à une table de jeu : leur joie n'est pas de longue durée. La mauvaise humeur s'empare du perdant. Il frappe du pied, trépigne, et s'en prend aux meubles, qu'il fracasse, comme s'ils étaient complices de sa mauvaise chance.

---

r. RHINOCÉROS.

Cet animal est, après l'éléphant, un des plus gros qu'on connaisse. Sur le nez, il porte une corne qui peut devenir meurtrière. Tout son corps est couvert d'un cuir que le fer ne saurait pénétrer. Au bout de sa lèvre supérieure, on aperçoit une excroissance pointue ; c'est cette excroissance qu'il alonge, et qui lui tient lieu d'une main. Sans être ni féroce, ni carnassier, ni même extrêmement farouche, le Rhinocéros est cependant intraitable : il est à-peu-près en grand ce que le cochon est en petit, brusque, indocile et sans intelligence.

S. SERPENT.

Quoique les Serpens n'aient pas de pattes, ils marchent à leur manière, et assez vîte. Ils rampent, en se servant d'une partie de leur ventre comme d'un point d'appui. Leur retraite ordinaire est dans les lieux humides, sous des tas de fumier, sous des feuilles mortes, dans des trous souterrains, où ils vivent d'herbes, de mouches, d'insectes, d'araignées, de grenouilles et de souris.

Tous les Serpens ne sont pas veni-

meux : les plus gros et les plus dangereux ne se trouvent pas en France. La vipère est très à craindre ; l'aspic l'est moins ; la couleuvre ne fait de mal à personne.

---

t. TIGRE.

Le tigre n'est pas aussi fort que le lion ; mais il est plus à craindre, parce qu'il est plus cruel. Rassasié ou à jeun, il n'épargne aucun animal, et ne quitte une proie que pour en égorger une autre. Heureusement l'espèce n'en est pas nombreuse. Dans la captivité, il déchire la main qui le caresse, comme celle qui le frappe. Cet animal a beaucoup de rapports avec le chat : il est, comme lui, hypocrite et caressant, par envie de mal faire.

U. UNAU.

On a donné à cet animal le surnom de paresseux, parce qu'il est extrêmement lent. Cependant sa lenteur est moins l'effet de la paresse, que du défaut de conformation. Il lui faut un jour pour grimper sur un arbre; et pour en descendre, il est obligé de se laisser tomber. Malgré sa misère, on ne peut pas dire que l'Unau soit malheureux, parce qu'il n'est pas né sensible.

V. VAISSEAU.

Il s'en faut de beaucoup que toute la terre soit solide : on voit des ruisseaux couler au pied des montagnes; ces ruisseaux, en se joignant à d'autres, forment des rivières; les rivières composent des fleuves, et les

t.
u.
V.
X.
y.
Z.

fleuves contribuent à former ces amas d'eau qu'on appelle mers. Pour franchir ces espaces, il fallait des supports; pour cela, on a d'abord imaginé de creuser des arbres, puis on a joint des planches; mais il y avait loin de ces mauvais bateaux à nos grands vaisseaux de guerre, qui portent jusqu'à douze cents hommes, avec des provisions pour six mois.

X. XÉNOPHON.

C'est le nom d'un histoire célèbre. On appelle historien, celui qui écrit tout ce qui arrive d'intéressant. S'il n'y avait pas eu de ces hommes utiles, nous ignorerions tout ce qui s'est passé avant notre naissance; et s'il n'y en avait pas, nous ne saurions que ce qui se fait auprès de nous. Avec la connaissance de l'histoire, on est l'homme de tous les pays et de tous les tems.

Y. YEUX.

Le caractère se peint dans les yeux. Le méchant a l'œil farouche : l'enfant sensible a le regard doux.

Z. ZÈBRE.

La peau du Zèbre est rayée de noir et de jaune clair avec tant de symétrie, qu'il semble qu'on a pris le compas pour la peindre. C'est un âne sauvage qui marche avec une grande vîtesse, mais qu'on ne peut monter, parce qu'il est indocile et têtu. Avec sa gentillesse, on le préférerait au cheval, s'il était, comme lui, susceptible d'éducation et familier.

n.
o.
p.
q.
r.
s.

HISTORIETTES.

Quelle est cette petite Demoiselle, assise dans un coin, qui semble craindre qu'on ne l'aperçoive? —C'est Emilie, qui se moque des enfans mal vêtus. Ce matin, elle avait demandé à sa bonne un toquet de velours orné de paillettes. Comme elle en paraissait fière, sa maman, pour la punir, lui a fait prendre un bonnet de nuit, qu'elle gardera devant les petites voisines qu'elle voulait humilier.

Fanfan, le chat aurait-il mangé ton oiseau? J'ai trouvé beaucoup de plumes dans l'escalier. —Non, mon frère; c'est moi qui l'ai plumé pour voir quelle mine il aurait sans plumes. —Comment! tu as eu cette cruauté, et tu le dis sans rougir! —Mais, mon frère, on m'avait donné cet oiseau pour m'amuser. — Mon frère, on ne s'amuse pas à des choses qui font du mal. Si on t'arrachait les cheveux, tu souffrirais; l'oiseau souffre depuis que tu lui as arraché les plumes.

Sophie avait un chat nommé Zizi : c'est un joli amusement, qu'un petit chat; mais Sophie avait pour Zizi une amitié si folle, qu'elle ne pensait qu'à lui, et qu'elle employait la plus grande partie de son tems à le caresser. Le matin, à peine était-elle sortie du lit, qu'elle appelait Zizi; en lisant sa leçon, elle pensait à Zizi; au lieu de coudre, elle s'occupait de Zizi; et, préférablement à sa poupée, c'était Zizi qu'elle habillait. On ôta à Sophie son Zizi, et l'on se moqua d'elle quand elle voulut le pleurer.

Laurette était une petite fille bie
étourdie : il ne se passait pas de jou
qu'elle ne se fît du mal, ou qu'ell
n'en causât à ses camarades. Sa ma
man lui avait expressément défend
de manier des couteaux, et de tro
s'approcher du feu; mais à peine l
maman était-elle détournée, que l
petite fille oubliait la défense. U
jour qu'on l'avait laissée seule ave
sa sœur Sophie, au lieu de faire at
tention à cette enfant qui était plu
jeune qu'elle, elle la laissa manie
un couteau qui la coupa bien fort
Une autre fois, en ramassant un
aiguille, elle approcha la bougie s
près de son béguin, que le feu pri

à la dentelle, et brûla une grande partie de ses cheveux.

Alphonse était un petit enfant de si mauvaise humeur, qu'on le voyait pleurer pour la moindre bagatelle. S'il trouvait sa leçon tant soit peu difficile, il disait qu'il n'en pourrait jamais venir à bout, et il laissait là son livre pour verser des larmes; quand il lui manquait un de ses joujoux, au lieu de le chercher, il se désolait. Au moindre coup que lui donnait en jouant un de ses camarades, il poussait des cris si aigus, qu'on l'aurait cru estropié pour la vie. Un jour son papa lui dit: Alphonse, si tu jettes ton livre pour un mot difficile, comment veux-tu apprendre à lire? Pendant le tems que tu mets à pleurer tes joujoux, tu les retrouverais ; si, pour un petit coup, tu te mets à crier, aucun enfant ne voudra jouer avec toi. Alphonse entendit raison ; ses leçons lui parurent moins difficiles, ses joujoux ne se perdirent plus, et ses camarades le regardèrent comme un bon petit enfant, qu'ils mirent de toutes leurs parties.

Papa, quel plaisir, si j'étais grand comme le cerisier qui est dans notre jardin ! Il ne me faudrait ni échelle ni crochet pour avoir des cerises. D'une enjambée je traverserais une rivière, et puis je serais bien plus fort, si j'étais si grand ! Qu'il vînt un ours à ma rencontre, je lui tordrais le cou d'un tour de main. — Mon fils, tu ne fais donc pas attention qu'il n'y aurait pas de place pour contenir des hommes si gros, et que tel pays qui fait vivre aujourd'hui mille hommes, en ferait tout au plus subsister vingt? Chacun de nous mangerait un bœuf à son dîner, et tu n'aurais pas trop d'une tonne de lait pour faire ton déjeûner.

Dorval était un petit garçon si turbulent, que, malgré la vigilance de ceux qui l'environnaient, il lui arrivait tous les jours quelque accident. Une fois, en marchant à reculons, il tomba du haut en bas d'un escalier; une autre fois il fit tomber sa maman, en se balançant au dossier de son fauteuil : mais voici l'accident le plus fâcheux. Un jour qu'il jouait avec une petite Demoiselle, à qui croiserait le premier deux épingles, en les poussant l'une contre l'autre ; il mit dans sa bouche des épingles qui l'embarrassaient. Dans le même moment, un gros chien qu'il avait accoutumé à jouer avec lui, entra sans être aperçu, et lui mit ses deux pattes sur les épaules. Dorval, qui ne s'y attendait pas, fit un mouvement, et lâcha les épingles, qui lui descendirent dans le gosier. On eut beau appeler les chirurgiens : Dorval mourut d'un abcès, au bout de quelques jours.

Germeuil était un enfant très-indocile. Un jour qu'il passait près d'une ruche, son papa l'avertit que les abeilles étaient dangereuses quand on les troublait dans leur travail : Bon, dit Germeuil, si c'était un gros chien, j'en aurais peur ; mais des abeilles ! d'un coup de mouchoir j'en abattrais un cent. Le petit incrédule frappa la ruche avec sa baguette. Dans l'instant les abeilles le poursuivirent, et le piquèrent au visage, au cou, aux jambes, aux mains, partout où leur aiguillon put se faire jour.

Cécile avait de beaux yeux, une jolie bouche, des couleurs vives; Cécile était une jolie petite fille. Elle en devint si orgueilleuse, qu'elle ne pouvait supporter ceux qui avaient quelque défaut dans la figure ou dans la taille. Joséphine, sa sœur cadette, était presque laide; mais elle était douce, prévenante, et savait lire avant que Cécile connût une lettre. Cécile et Joséphine eurent ensemble la petite vérole. Joséphine supporta son mal avec patience; mais Cécile craignant de perdre sa beauté, aigrit son sang, et fut tellement défigurée, qu'on ne se ressouvint plus qu'elle avait été belle. Comme elle ne savait ni travailler, ni lire, elle n'eut rien pour se distraire. Joséphine, au contraire, fut recherchée, parce qu'elle joignait à l'esprit beaucoup de connaissances et d'amabilité.

ACCENS

´ Aigu.

` Grave.

^ Circonflexe.

Ces accens mettent une grande différence dans la manière dont on prononce les lettres sur lesquelles ils sont placés ; ainsi l'on ouvre beaucoup plus la bouche pour prononcer l'*e* du mot *procès*, que pour prononcer celui du mot *bonté*.

L'*e* sur lequel on met un accent aigu, s'appelle un *e* fermé ; celui sur lequel on place un accent grave, s'appelle un *e* ouvert.

On met l'accent circonflexe sur les voyelles qu'on prononce en appuyant, comme dans les mots : *Blâme*, *tempête*, *gîte*, *trône*, *flûte*.

Il y a cinq voyelles : *a*, *e*, *i*, *o*, *u* : on les appelle voyelles, parce qu'elles remplissent seules la voix.

Il n'en est pas de même des autres lettres : on les nomme consonnes, parce qu'elles n'ont de son qu'avec une autre lettre : ainsi, quand on prononce un *b*, le son est le même que s'il y avait un *e* à côté.

Manière de prononcer les consonnes.

B	Be.	N	En ne.
C	Ce.	P	Pe.
D	De.	Q	Qu.
F	Ef fe.	R	Re.
G	Ge.	S	Es se.
H	A che.	T	Te.
J	Gi.	V	Ve.
K	Ka.	X	Ik ce.
L	El le.	Y	Y grec.
M	Em me.	Z	Zaide.

Signes de la Ponctuation.

¨ Tréma.

Le tréma est un signe qui avertit qu'il faut prononcer la voyelle sur laquelle il se trouve séparément de la lettre qui suit ; ainsi dans le mot *haïr*, on prononce ha ir, parce qu'il y a un tréma, et non pas *hair*.

' Apostrophe.

L'apostrophe se met en haut, à la place d'une voyelle supprimée, comme dans les mots : *L'arbre*, *l'oiseau*, parce qu'il aurait été trop dur de dire : *Le arbre*, *le oiseau*.

- Trait-d'union.

Le trait-d'union se met entre deux mots qui n'en forment qu'un, comme : *Porte-faix*, *porte-clef*, *porte-crayon*.

¸ Cédille.

La cédille se met en bas, sous la lettre *c*, pour avertir qu'on doit prononcer ce *c* comme une *s ;* par exemple, dans le mot *leçon*.

» Guillemets.

Les guillemets sont deux virgules qui marquent que les mots devant lesquels ils se trouvent, sont le langage de quelqu'un qui n'est pas celui qui parlait auparavant : on s'en sert encore pour faire connaître les mots ou les lignes qui sont empruntés d'un autre livre.

( ) Parenthèse.

La parenthèse se compose de deux crochets : elle marque que ce qui est renfermé entre, est détaché de ce qui précédait et de ce qui suit.

Virgule	,	pour s'arrêter un peu.
Point et virgule	;	pour s'arrêter davantage.

Deux points : pour s'arrêter davantage encore.

Point. pour s'arrêter tout-à-fait.

Point d'interrogation ?

Point d'admiration ou d'exclamation !

Ceux qui composent les livres ne placent pas tous ces signes indifféremment.

La virgule marque les différentes parties d'une phrase, c'est-à-dire d'un assemblage de mots qui contribuent à former le même sens.

Le point et virgule marque que la phrase n'est pas entièrement finie.

Les deux points marquent qu'une phrase est finie, mais qu'elle dépend d'une phrase composée, dont toutes les parties sont liées avec la principale.

L'ENFANT ET LA POUPÉE.

Dans une foire, un jeune Enfant,
Promené par sa gouvernante,
Contemplait d'un œil dévorant
Maints beaux colifichets : tout lui plaît, tout le tente ;
Il veut polichinel, ensuite un porteur-d'eau,
Et puis il n'en veut plus.—Voulez-vous une épée ?
—Ah ! oui... mais non, j'aime mieux ce berceau.
Il l'eût pris sans une Poupée
Qui le séduisit de nouveau.
On la lui donne : en sautant il l'emporte.
Chez la maman, le voilà de retour :
Aux gens du logis, tour-à-tour,
Il fait baiser l'objet qui d'aise le transporte ;
Depuis le matin jusqu'au soir
De chambre en chambre il la promène :
S'il faut s'aller coucher, il la quitte avec peine,
Et s'endort en pleurant dans les bras de l'espoir :
En dormant il en rêve ; et le jour lui ramène
Sa Mimi : qu'on l'apporte, eh vîte ! il veut la voir.
Pendant près de huit jours, avec exactitude,
Fanfan joue avec sa catin.
Il paraissait content ; mais le petit coquin
De la possession se fit une habitude.

L'habitude et le froid se tiennent par la main :
Le froid donc s'ensuivit, et le dégoût enfin.

VADÉ.

On aime ce qu'on n'a pas, et ce qu'on a cesse de plaire.

FANFAN ET COLAS.

Fanfan gras et vermeil, et marchant sans lisière,
Voyait son troisième printems.
D'un si beau nourrisson, Perrette, toute fière,
S'en allait à Paris le rendre à ses parens.
Perrette avait sur sa bourrique,
Dans deux paniers, mis Colas et Fanfan.
De la riche Cloé, celui-ci fils unique,
Allait changer d'état, de nom, d'habillement,
Et peut-être de caractère.
Colas, lui, n'était que Colas,
Fils de Perrette et de son mari Pierre.
Il aimait tant Fanfan, qu'il ne le quittait pas.
Fanfan le chérissait de même.
Ils arrivent. Cloé prend son fils dans ses bras :
Son étonnement est extrême,
Tant il lui paraît fort, bien nourri, gros et gras.
Perrette de ses soins est largement payée ;
Voilà Perrette renvoyée ;

Voilà Colas que Fanfan voit partir.
Trio de pleurs. Fanfan se désespère :
Il aimait Colas comme un frère ;
Sans Perrette et sans lui, que va-t-il devenir?
Il fallut se quitter. On dit à la nourrice :
Quand de votre hameau vous viendrez à Paris,
N'oubliez pas d'amener votre fils ;
Entendez-vous, Perrette? on lui rendra service.
Perrette, le cœur gros, mais plein d'un doux espoir,
De son Colas croit la fortune faite.
De Fanfan cependant Cloé fait la toilette.
Le voilà décrassé, beau, blanc, il fallait voir!
Habit moiré, toquet d'or, riche aigrette.
On dit que le fripon, se voyant au miroir,
Oublia Colas et Perrette.
Je voudrais à Fanfan porter cette galette,
Dit la nourrice un jour; Pierre, qu'en penses-tu?
Voilà tantôt six mois que nous ne l'avons vu.
Pierre y consent; Colas est du voyage.
Fanfan trouva (l'orgueil est de tout âge)
Pour son ami, Colas trop mal vêtu :
Sans la galette, il l'aurait méconnu.
Perrette accompagne ce gâteau d'un fromage,
De fruits et de raisins. . . . .
Les présens furent bien reçus ;
Ce fut tout; et tandis qu'elle n'est occupée
Qu'à faire éclater son amour,

Le marmot, lui, bat du tambour,
Traîne son chariot, fait danser sa poupée.
Quand il a bien joué, Colas dit : C'est mon tour.
Mais Fanfan n'était plus son frère :
Fanfan le trouva téméraire ;
Fanfan le repoussa d'un air fier et mutin.
Perrette alors prend Colas par la main :
Viens, lui dit-elle avec tristesse ;
Voilà Fanfan devenu grand seigneur ;
Viens, mon fils, tu n'as plus son cœur.
L'amitié disparaît, où l'égalité cesse.

AUBERT

CLOÉ ET FANFAN.

J'ai peint Fanfan ingrat envers Perrette,
Perrette qui l'avait nourri !
Je l'ai peint dédaignant Colas pour son ami,
Et logeant la fierté déjà sous sa bavette.
Fanfan grandit ; et malgré les avis
De Cloé, mère tendre et sage,
Son orgueil s'accrut avec l'âge :
Le fripon insultait tous les gens du logis.
Que fit Cloé pour corriger son fils ?

. . . .

Mon fils, dit-elle un jour, apprenez le malheur
Où le juste destin vous plonge :
Vous n'êtes point à moi. Perrette et son mari
Ont trompé tous deux ma tendresse ;
Ce secret vient d'être éclairci :

. . . .

Colas est mon enfant, et vous allez partir.

. . . .

Fanfan, troublé, muet, l'œil fixé sur sa mère,
A ce nom de Colas, laisse couler des pleurs.
Cloé tournant les yeux ailleurs,
Pour pousser jusqu'au bout l'affaire,
Tient ferme, le dépouille, et lui met les habits
Qu'il devait porter au village.
Mille sanglots alors échappent à son fils ;
Les pleurs inondent son visage.
Il parle enfin : Maman, que vais-je devenir ?
Mal vêtu, mal nourri. . . . .
. . . . . . — Oui, Colas ; mais qu'y faire ?
Le ciel de votre orgueil a voulu vous punir.
Colas, vous méprisiez mon fils et votre mère ;
Vous traitiez durement tous ceux que la misère,
Pour subsister, oblige de servir :
Vous allez apprendre à les plaindre.
Vous voyez qu'au sein du bonheur,
Les retours du sort sont à craindre.

De vos cruels dédains reconnaissez l'erreur.
Si mon fils allait vous les rendre?
S'il allait à son tour... Fanfan n'y tenant plus,
Tombe aux pieds de Chloé, désespéré, confus;
La conjure de le reprendre.
Je servirai, lui dit-il, votre fils;
Je le respecterai; je lui serai soumis.
C'en fut assez pour cette mère sage,
Qui se sentait trop attendrie:
Elle embrassa son fils, quitta cet air sévère,
L'appela par son nom, loua son repentir,
Et désormais eut lieu de s'applaudir
De cette leçon salutaire.

AUBERT.

LE JOUEUR DE GOBELETS.

Escroquillard, fameux escamoteur,
Dans un village, un beau dimanche,
Dressa son théâtre imposteur
Sur deux trétaux que couvrait une planche;
Puis au bruit du tambour il se fit annoncer:
C'est par ici, messieurs; allons, prenez vos places:
Dans l'instant je vais commencer.
Tous mes benêts, pipés par ses grimaces,
De l'admirer ne pouvaient se lasser.

Après maints tours de passe-passe,
Ils ne savaient que dire et que penser.
Leurs yeux frappés de ce rare spectacle,
Prenaient pour autant de miracle
Chaque parole et chaque changement.
Ils ne concevaient pas comment,
Sans y toucher, une muscade,
Par le pouvoir du seul commandement,
Allait joindre sa camarade. . . .
Allons, messieurs, à ce tour-ci.
Par la vertu de ma baguette
Je vais changer cet écu que voici
En plomb. . . . Partez. . . . La chose est faite;
Le voyez-vous? Ça, maintenant,
Que le plomb redevienne argent;
Soufflez dessus. . . . . Chaque marouffle
Tour-à-tour de bonne-foi souffle,
Et l'écu paraît de nouveau.
Ah, mon Dieu, Seigneur! que c'est beau!
Quel esprit! C'est pire qu'un homme,
Que cet homme-là. . . . Ça, messieurs,
Leur dit Escroquillard, le tems m'appelle ailleurs.
A leurs dépens muni d'une assez bonne somme,
Son départ fut son dernier tour.

VADÉ.

0, 1, 2, 3,

zéro, un, deux, trois,

4, 5, 6, 7,

quatre, cinq, six, sept,

8, 9,

huit, neuf

Ces caractères s'appellent des chiffres; ils servent à compter.

Pour exprimer des nombres plus considérables, sans avoir recours à d'autres caractères, on est convenu que de dix unités on n'en ferait qu'une, à laquelle on donnerait le nom de *dixaine*, et que l'on compterait par dixaines comme on compte par unités ; c'est-à-dire, que l'on dirait deux dixaines, trois dixaines, etc. jusqu'à neuf dixaines ; que, pour représenter ces nouvelles unités, on emploierait les mêmes chiffres que pour les unités simples, et qu'on les distinguerait de celles-ci, en les plaçant à leur gauche.

Ainsi, pour représenter *trente-quatre*, qui renferment trois dixaines et quatre unités, on est convenu d'écrire 34 ; pour représenter *soixante*, qui contiennent un nombre exact de dixaines sans aucune unité, on écrit 60. Zéro marque à-la-fois qu'il n'y a point d'unités simples, et que le nombre six exprime des dixaines.

Pour faire des comptes plus étendus, on forme de dix dixaines une seule unité, qui a le nom de *centaine*, parce que dix fois dix font cent ; et on place les chiffres qui appartiennent à ces centaines, à la gauche des dixaines.

Il en est de même des mille, que l'on forme de dix centaines, et ainsi de suite, pour tous les nombres que l'on peut imaginer.

Les principales règles du calcul sont : l'*addition*, la *soustraction*, la *multiplication*, la *division*.

L'addition.

Fanfan, supposons que tu tires quelques cerises d'une corbeille ; pour savoir combien tu en auras pris, tu diras, par exemple : . . . . 4 cerises,

plus 2 cerises,

plus 3 cerises,

font 9 cerises.

Le nombre 9 est le total que tu cherchais.

Ainsi l'addition consiste à ajouter plusieurs nombres les uns aux autres, pour en connaître la somme totale.

La soustraction.

Supposons que tu n'aies pris que 7 cerises, et que tu en remettes 4, combien t'en restera-t-il ?

de 7 cerises,

ôte 4 cerises,

restent 3 cerises.

Ainsi, par la soustraction, on ôte un moindre nombre d'un plus grand, pour savoir ce qu'il en reste.

La multiplication.

Si je te donne 15 cerises par jour, combien en mangeras-tu en 4 jours ?

Multiplie. 15
par. 4,

C'est-à-dire, compte 4 fois 15,

Tu trouveras. . . . . 60 cerises.

La multiplication consiste donc à multiplier deux nombres l'un par l'autre, pour trouver un troisième nombre, qui contienne le premier autant de fois qu'il y a d'unités dans le second.

La division.

Si, par hasard, il ne s'était trouvé dans la corbeille que 30 cerises, et qu'il t'eût fallu les partager entre 6 personnes, combien chaque personne en aurait-elle eu ?

30 { Divisés par 6 / donnent 5.

Chaque personne aurait donc eu 5 cerises.

L'usage de la division est, comme tu vois, de partager un nombre en autant de parties qu'il y a d'unités dans celui par lequel on le divise.

Chiffres arabes et romains.

un	1	I.
deux	2	II.
trois	3	III.
quatre	4	IV.
cinq	5	V.
six	6	VI.
sept	7	VII.
huit	8	VIII.
neuf	9	IX.
dix	10	X.
onze	11	XI.
douze	12	XII.
treize	13	XIII.
quatorze	14	XIV.
quinze	15	XV.
seize	16	XVI.
dix-sept	17	XVII.
dix-huit	18	XVIII.
dix-neuf	19	XIX.
vingt	20	XX.
trente	30	XXX.
quarante	40	XXXX ou LX.
cinquante	50	L.
soixante	60	LX.
soixante-dix	70	LXX.

	Arabes.	*Romains.*
quatre-vingts	80	LXXX.
quatre-vingt-dix	90	XC.
cent	100	C.
deux cents	200	CC.
trois cents	300	CCC.
quatre cents	400	CCCC.
cinq cents	500	D.
six cents	600	DC.
sept cents	700	DCC.
huit cents	800	DCCC.
neuf cents	900	DCCCC.
mille	1000	M.

Tableau de multiplication.

2	fois	2	font	4
2	fois	3	font	6
2	fois	4	font	8
2	fois	5	font	10
2	fois	6	font	12
2	fois	7	font	14
2	fois	8	font	16
2	fois	9	font	18
2	fois	10	font	20
2	fois	11	font	22
2	fois	12	font	24
3	fois	3	font	9
3	fois	4	font	12

3	fois	5	font	15
3	fois	6	font	18
3	fois	7	font	21
3	fois	8	font	24
3	fois	9	font	27
3	fois	10	font	30
3	fois	11	font	33
3	fois	12	font	36
4	fois	4	font	16
4	fois	5	font	20
4	fois	6	font	24
4	fois	7	font	28
4	fois	8	font	32
4	fois	9	font	36
4	fois	10	font	40
4	fois	11	font	44
4	fois	12	font	48
5	fois	5	font	25
5	fois	6	font	30
5	fois	7	font	35
5	fois	8	font	40
5	fois	9	font	45
5	fois	10	font	50
5	fois	11	font	55
5	fois	12	font	60
6	fois	6	font	36
6	fois	7	font	42
6	fois	8	font	48
6	fois	9	font	54
6	fois	10	font	60

6	fois	11	font	66
6	fois	12	font	72
7	fois	7	font	49
7	fois	8	font	56
7	fois	9	font	63
7	fois	10	font	70
7	fois	11	font	77
7	fois	12	font	84
8	fois	8	font	64
8	fois	9	font	72
8	fois	10	font	80
8	fois	11	font	88
8	fois	12	font	96
9	fois	9	font	81
9	fois	10	font	90
9	fois	11	font	99
9	fois	12	font	108
10	fois	10	font	100
11	fois	11	font	122
12	fois	12	font	144

Bouquet d'un Enfant à sa Mère.

Ce n'est point en offrant des fleurs
Que je veux peindre ma tendresse;
De leur parfum, de leurs couleurs,
En peu d'instans le charme cesse.
La rose naît en un moment;
En un moment elle est flétrie:
Mais ce que pour vous mon cœur sent,
Ne finira qu'avec ma vie.

J. J. Rousseau.

PENSÉES propres à servir d'Exemples d'Écriture.

Adore un Dieu, sois juste, et chéris la Patrie.

Un Élève sans mœurs, est un arbre sans fruit.

On vous juge d'abord par ceux que vous voyez.

Avant que d'entreprendre, il faut considérer.

N'allez point divulguer ce que l'on vous confie.

Ceux qui parlent si haut, sont les moindres faiseurs.

Celui qui perd l'honneur, n'a plus rien à garder.

FIN.

Livres d'instruction d'assortiment et qui se trouvent chez le même Libraire.

ALPHABET moral, à l'usage de la Jeunesse chrétienne, contenant l'Histoire abrégée de l'Ancien et du Nouveau Testament, la Doctrine de l'Évangile et les Instructions les plus essentielles de la Religion, in-12, orné de vingt jolies gravures ; la douzaine. 12 liv.

Fablier des Enfans, choix de Fables analogues aux goûts du premier âge, avec des notes grammaticales, mythologiques et historiques, 1 vol. in-12, fig. et titre gravés en taille-douce, 2.e édit., augmentée de dix Fables. 1 liv.

Fablier des Adolescens, 2 vol. in-18, bien imprimés, avec vignettes. 1 liv. 5 s.

Jardin des Enfans, ou Bouquets de Famille et Complimens adressés par les enfans a leurs parens, dans diverses circonstances, telles que fêtes, premier jour de l'an, etc., suivis de petits modèles de lettres, 1 vol. in-18, fig., bien imprimé. 1 liv.

Contes des Fées, contenant le Chaperon Rouge, la Barbe Bleue, le Maître Chat ou le Chat Botté, etc. ; par Perrault, 1 vol. in-18, fig. 15 s.

Contes des Fées, par madame d'Aulnois, contenant le Mouton et le Nain Jaune, etc., 1 vol. in-18, 3 fig. 15 s.

Histoire Naturelle mise à la portée de la Jeunesse, d'après Buffon et les plus célèbres naturalistes, comprenant le Système du Monde, l'Ensemble du Globe terrestre, les trois Règnes de la Nature, etc., etc., 2 vol. in-12 de plus de 700 pag., bien imprimés, 3.e édit., avec 30 fig. 6 liv.

Dictionnaire abrégé des Hommes célèbres de l'antiquité et des temps modernes, par Leblond, 2 vol. in-12. 5 liv.

L'Arithmétique des premières Écoles et des Ecoles secondaires, approuvée par M. Chaptal, ministre de l'intérieur, contenant un grand nombre d'applications au commerce, aux impositions et aux mesures de superficie et de solidité, et terminée par une instruction familière sur le mode de peser et de calculer avec les nouveaux poids ; par Guillard, professeur de mathématiques, 1 vol. in-8o. 3 liv.

Nouvelle Géographie de la France, contenant sa division en provinces romaines et provinces françaises et en départemens, pour l'étude de l'Histoire ancienne et moderne, avec des détails sur l'origine, les révolutions, l'état actuel de chaque partie du territoire français, les productions, l'industrie, le commerce, les monumens, les anecdotes, les hommes célèbres, les foires, les distances, la population, les rivières, les montagnes, etc., précédée d'un abrégé de géographie universelle, 1 gros vol. in-12, cart. enlum. 3 l.

Dictionnaire Chronologique, ou Recueil alphabétique des principaux faits historiques, des époques, des inventions les plus intéressantes, des usages, des coutumes de tous les peuples du monde, etc., 1 vol. in-16. 1 liv. 10 s.

Nouveaux Mémoires du maréchal de Bassompierre, recueillis par le président Hénault, membre de l'académie française, imprimés sur le manuscrit de cet académicien; pour servir de suite aux Mémoires de Bassompierre et de matériaux à l'Histoire de France sous Henri III, Henri IV et Louis XIII; et à celle d'Espagne sous Philippe II, et publiés par l'éditeur de l'Etablissement des Français dans les Gaules, du président Hénault, 1 vol. in-8.o, 2.e édit. 3 liv.

Histoire de l'Etablissement du Christianisme dans les Indes orientales, par les évêques français et autres missionnaires apostoliques, imprimée sur le manuscrit original inédit, communiquée pendant le cours de l'impression à M. Sicard, instituteur des sourds-muets, et dédiée à S. E. M. le cardinal Caprara, légat *à latere*, 2 vol. in-12. 4 liv.

Traité de la Prononciation de la Langue italienne; ouvrage nécessaire à ceux qui desirent apprendre cette langue, et très-utile à ceux même qui la possèdent; suivi d'un Recueil des meilleurs morceaux des plus célèbres auteurs italiens, pour l'exercice de la prononciation, pour faire des versions, et pour connaître le génie et les beautés de cette langue; le tout marqué de l'accent sur les mots, pour donner aux étrangers la facilité d'en apprendre la prosodie; par Antonio Scoppa, prêtre italien, 2.e et nouvelle édition, 1 vol. in-8.o 3 liv. 12 s.

Diane et son Ami, ou Voyage et Aventures du chevalier Mirmont de Larochefoucault dans l'Inde, 2 vol., fig. 3 liv.

Histoire de la Dame Invisible, ou Mémoire pour servir à l'étude du cœur humain; par Belin de Ballu, 2 v. fig., 3 liv.

Saint-Alme et Zulime, ou l'Isle Fortunée dans les sables brûlans de la Lybie, Aventure singulière et véritable lors de l'expédition des Français en Egypte et en Syrie; par Boinvilliers et Facquez, 1 vol., fig. 1 liv. 10 s.

Le Renard, ou le Procès des Animaux, ouvrage allégorique et moral pour servir à l'instruction de la jeunesse, 1 vol. orné de vingt-deux fig. 1 liv. 10 s.

Plaidoyers d'un Perroquet, d'un Chat et d'un Chien, suivis du jugement, 1 vol., avec notes et fig. 15 s.

Soirées d'un Père de Famille, à l'usage de la Jeunesse, 1 vol., fig. 15 s.

Magasin des Enfans, ou Dialogue d'une sage Gouvernante avec ses Elèves; par madame Leprince de Beaumont, 4 vol. in-18, fig. 3 liv.

Instructions élémentaires sur la Morale; par Bulard, 1 vol. in-18, fig. 1 liv.

a b c d e f g

h i k l m n

o p q r s ſ

t u v x y z

a b c d e f f

g h i k l m n

o p q r r s s t

u v x y z z

www.ingramcontent.com/pod-product-compliance
Lightning Source LLC
LaVergne TN
LVHW020407230826
846091LV00004B/1178

* 9 7 8 2 0 1 2 8 7 7 7 5 7 *